Made in the USA
Las Vegas, NV
03 December 2021

35934278R00068